Rompendo o
Silêncio

Alice Walker

Rompendo o Silêncio

UMA POETA DIANTE DO HORROR
EM RUANDA, NO CONGO ORIENTAL
E NA PALESTINA/ISRAEL

Tradução
Ana Resende

Copyright © 2010 by Alice Walker

Título original: *Overcoming Speechlessness*

Capa: Silvana Mattievich
Foto de capa: Bruce Talbot/GETTY Images

Editoração: DFL

Texto revisado segundo o novo
Acordo Ortográfico da Língua Portuguesa

2011
Impresso no Brasil
Printed in Brazil

Cip-Brasil. Catalogação na fonte
Sindicato Nacional dos Editores de Livros. RJ

W178r Walker, Alice, 1944-
Rompendo o silêncio: uma poeta diante do horror em Ruanda, no Congo Oriental e na Palestina/Israel/Alice Walker; tradução Ana Resende. – Rio de Janeiro: Bertrand Brasil, 2011.
112p.: 21 cm

Tradução de: Overcoming speechlessness: a poet encounters the horror in Rwanda, Eastern Congo, and Palestine/Israel
ISBN 978-85-286-1510-4

1. Walker, Alice, 1944- - Viagens - Ruanda. 2. Walker, Alice, 1944- - Viagens - Gaza, Faixa de. 4. Atrocidades. 5. Ruanda - Condições sociais. 6. Congo (República Democrática) - Condições sociais. 7. Gaza, Faixa de - Condições sociais. I. Título.

CDD – 303.6
CDU – 316.485.26

11-3285

Todos os direitos reservados pela:
EDITORA BERTRAND BRASIL LTDA.
Rua Argentina, 171 – 2º andar – São Cristóvão
20921-380 – Rio de Janeiro – RJ
Tel.: (0xx21) 2585-2070 – Fax: (0xx21) 2585-2087

Não é permitida a reprodução total ou parcial desta obra, por quaisquer meios, sem a prévia autorização por escrito da Editora.

Atendimento e venda direta ao leitor:
mdireto@record.com.br ou (21) 2585-2002

*Três coisas não podem ser ocultadas:
o sol, a lua e a verdade.*
— *Buda*

1. Há três anos

Há três anos, visitei Ruanda e o Congo Oriental. Em Kigali, prestei homenagem a centenas de milhares de crianças, bebês, adolescentes, jovens noivos, casais, homens e mulheres, avôs e avós, irmãos e irmãs com diversos formatos de rosto e estruturas físicas, que foram mutilados, algumas vezes em pedaços mínimos, por estranhos armados ou por vizinhos ou ainda por familiares e "amigos" que conheciam. Esses corpos e pedaços de corpos estão agora sepultados de modo ordenado e respeitoso em valas comuns. Há quinze anos, as sepulturas eram cercadas por mudas de plantas que agora são vigorosas e floridas trepadeiras que cobrem com flores as treliças de ferro. No interior do museu adjacente, vemos as fotografias dos assassinados: seus sorrisos abertos ou seus olhos sábios e reconfortantes permanecerão comigo para sempre. Há, também, no museu, uma breve história de Ruanda. Ela narra os longos séculos em que Tutsi e Hutu conviveram, casando-se entre si e criando seus filhos até a chegada dos belgas nos anos 1800. (Antes dos belgas, o território fora colonizado pelos alemães.) Os colonizadores belgas determinaram, ao medir os crânios de Hutu e Tutsi, que os Tutsi eram mais inteligentes que os Hutu, mais parecidos com os europeus, e, portanto, colocaram os Tutsi acima dos Hutu. Mais de cem anos depois, quando os colonos belgas voltaram para a Europa, e após muitas mudanças em cada um dos grupos, eles deixaram os Hutu no poder. O ódio gerado por essa decisão diabólica entre povos que anteriormente coexistiam foi inflamado durante gerações, chegando a um ponto de ebulição fatal na tragédia do genocídio.

Durante a faculdade, pesquisei e escrevi um ensaio sobre o Congo "Belga", onde o rei Leopoldo da Bélgica introduziu a política de cortar as mãos dos africanos escravizados que não atingiam sua cota de borracha. Eles coletavam o látex para a borracha dos pneus dos novos carros que todos começavam a querer na América e na Europa; eu não sabia que essas mesmas atividades tinham se espalhado pelo Reino de Ruanda. Aparentemente, para os belgas e para os colonialistas alemães antes deles, tratava-se de um vasto território "vazio" a ser explorado sem nenhuma consideração pelos povos que ali viviam. Os africanos nativos não pareciam existir, salvo como escravos.

Ao visitar o set de filmagem de *A Cor Púrpura*, muitas décadas após a faculdade, um senhor africano idoso e triste, que fora médico no Congo e agora era contratado como figurante do filme, lamentava a perda de seu país, de seu povo, de sua terra, contando-me que a Firestone Corporation havia ocupado milhões de acres de terra, "arrendando-as" por centavos o acre, perpetuamente. As pessoas que tinham vivido ali desde os primórdios da humanidade foram forçadas a cultivar os vastos seringais da Firestone. Imediatamente pensei em todos os carros que tivera e nos pneus que rodavam sob eles.

2. De Kigali para o Congo Oriental

De Kigali e dos encontros com sobreviventes dando o testemunho de sua coragem e de seu heroísmo, de sua disposição em persistir e superar a tragédia inenarrável, fui para o Congo Oriental. Lá me encontrei com mulheres vitimizadas pelos matadores de Kigali, que haviam sido perseguidas através da fronteira de seu país. Essas mulheres sofreram estupro numa escala tão alta – o estupro é uma das armas de guerra mais cruéis – que parecia impossível que, em seu desespero, elas não tivessem preferido se matar. Frequentemente suas aldeias se voltavam contra elas por causa do abuso sofrido; se os maridos ainda estivessem vivos, normalmente as dispensariam, recusando-se a abrigá-las em seus próprios lares.

Uma bela mulher, que veio ao meu encontro trajando branco e violeta, havia sido uma escrava sexual durante mais de um ano, forçada a transportar cargas que a faziam curvar-se; seus olhos tinham sido repetidamente feridos para prejudicar-lhe a visão, de modo que não pudesse identificar os agressores; seu corpo inteiro fora espancado de tal modo que, mesmo decorrido um ano, ela mancava perceptivelmente ao tentar caminhar com o que se podia supor fosse sua antiga graciosidade. Abraçamo-nos entre lágrimas e com alegria. Eu estava mais grata por ver sua ressurreição radiante do que jamais estivera ao testemunhar outra coisa em minha vida. Ela fora estuprada com todos os instrumentos imaginários, incluindo cabos de facões e canos de armas. Graças a vocês, minhas irmãs do Women for Women International[1], disse ela,

---

[1] Organização humanitária que oferece apoio emocional e financeiro a mulheres sobreviventes de guerra. (N.T.)

sobrevivi. Muitas de nós sobrevivemos. E não voltaremos atrás. Não seremos escravas nem animais de carga.

Mais de quatro milhões de congoleses foram assassinados numa guerra sem-fim cuja razão reside na riqueza mineral do Congo. Um desses minerais – o coltan[2] – tornou possível o uso de telefones celulares. Milhões de famílias não têm casa e vivem na miséria. A guerra continua como uma doença para a qual ainda não se descobriu a cura. Doenças infecciosas se alastram. Armas vão parar nas mãos de jovens e até mesmo nas de crianças. Como ela consegue sorrir?, pergunto-me a respeito da irmã congolesa que acabei de conhecer. Ela sorri porque está viva, o que significa que o Feminino está vivo.

Há o trabalho da Mãe a fazer.

Há o trabalho da Filha a fazer.

Essa é a fonte de alegria. Abraçamo-nos na despedida. Ela aprenderá como abrir um negócio e sonha em ter aulas de informática.

---

[2] Mistura de dois minerais: columbita e tantalita. (N.T.)

3. Voltando para casa

Ao voltar para casa, descobri que podia falar sobre essa mulher, e, com efeito, mais tarde ela veio para a América para falar sobre si mesma. Essa mulher compreendeu a importância do discurso, do discurso sobre o inenarrável, e se tornou uma das minhas fontes de inspiração ao compartilhar a história a seguir, uma história que me lançou em um longo período de silêncio. Durante a estada no Congo, fomos convidados a visitar uma jovem mulher com a mesma idade de minha filha na época – trinta e seis anos –, que se encontrava em um hospital local. Quando vimos Generose pela primeira vez, ela estava deitada em um catre no chão de um dos corredores externos, esperando por nós. De muletas, ela nos levou até um local tranquilo nos fundos do hospital, onde nos sentamos em círculo ao seu redor enquanto ela nos contava sua história. A história era a seguinte: sua aldeia fora aterrorizada pelos assassinos do Interharmwe[1] (supostamente Hutu) que haviam sido expulsos de Ruanda pelas forças Tutsi de Paul Kagame (atual presidente do país); o sofrimento tornara-se insuportável, pois as pessoas eram retiradas de suas casas a qualquer hora do dia ou da noite, o que fez com que muitas delas preferissem dormir na floresta ou esconder-se em seus próprios campos.

Generose encontrava-se em casa com o marido e os dois filhos porque seu companheiro estava doente. Certa noite, ouviu-se uma batida violenta na porta, e pistoleiros, carregando também machetes, entraram

---

[1] A mais sangrenta das milícias armadas e uma das responsáveis pelo genocídio ocorrido em Ruanda, em 1994. (N.T.)

exigindo comida. Havia pouco a oferecer-lhes além da dieta básica: uma verdura cozida (que, para mim, ao vê-la anteriormente nos campos, parecia-se com as folhas do quiabo) e uns poucos bolinhos de painço preparados no vapor. Os homens comeram, mas se zangaram porque não ficaram saciados. Levantaram-se e se depararam com o marido deitado na cama. No mesmo instante, cortaram-no em pedaços. Voltaram até Generose e as crianças e a amarraram. Mantendo-a amarrada, começaram a cortar sua perna. Cortaram a perna em seis pedaços e começaram a fritá-la na frigideira. Quando um dos pedaços pareceu cozido, tentaram forçar o filho a comê-la. Com veemência e beleza, e como o filho de nossos sonhos, ele disse: Não, nunca comerei a carne de minha mãe. Mataram-no a tiros, sem hesitar. À filha, que assistira à cena e à mãe sangrando até a morte, sabendo que o pai fora cortado em pedaços, foi dada a mesma oportunidade. Aterrorizada, ela mordeu um pedaço do corpo da mãe. Esta, tendo conseguido se arrastar para longe, ficou sem saber o que acontecera com a filha. Mais tarde, veio a saber que os agressores tinham ido à casa seguinte naquela mesma noite e assassinado um casal que se casara naquele mesmo dia, estuprando e mutilando a noiva e arrancando-lhe os olhos.

Era essa filha que Generose esperava que pudéssemos ajudar a encontrar. Aparentemente, ela escapara após a terrível tortura, mas, agora, onde poderia estar? Generose esperava apenas duas coisas de nós: que a ajudássemos a encontrar a filha (o que provavelmente estava além de nossa capacidade, embora a Women for Women International tenha se comprometido a procurar) e que a ajudássemos a abrir um pequeno negócio, para que, quando encontrasse a filha, pudesse lhe oferecer um local seguro para viverem. Mulher de fibra, que me lembrou a jovem Toni Morrison[2], ela não gaguejou uma única vez ao contar sua história, embora nós, que a rodeávamos, sentíssemos um certo tremor em

---
[2] Escritora norte-americana, vencedora do Prêmio Nobel em 1993. (N.T.)

nossos corações. Nem por um momento me esqueci da criança que fora forçada a morder a carne da própria mãe. Ainda assim, tem sido quase impossível falar a esse respeito.

Ao voltar para casa, adoeci com o fardo dessa história, assim como adoecera ao ler no *New York Times*, cerca de um ano antes, a respeito de uma tortura semelhante usada contra os assim chamados "pigmeus" das florestas tropicais africanas ("pigmeus" porque, no Egito Antigo, a palavra significava *da altura do cotovelo*). Para espantá-los de suas casas e, em última análise, abrir passagem para interesses ligados à extração e mineração no Ocidente, os mercenários estavam doutrinando seus soldados a acreditar que matar pigmeus e comer seus corações os tornariam invisíveis e capazes – como aquelas criaturas pequeninas pareciam ser – de evitar a captura, mesclando-se ao ambiente. Ao ler essa história, senti como se meu próprio coração estivesse sendo arrancado de dentro de mim, e esse ataque ao corpo humano planetário, que eu represento, me deixou doente.

4. Sangha[1]

Eu tive a sorte de ter uma *sangha*, um círculo de apoio budista, ao qual podia eventualmente recorrer. Sentados ao meu redor enquanto eu falava, dois de nossos membros perceberam que eu precisava de uma cura mais do que simplesmente ser capaz de falar sobre o que testemunhara e ouvira a respeito do que ocorria com os povos da Terra. Imediatamente planejaram um ritual para minha proteção. Posicionaram-me na grama verde de meu quintal, cercada de flores,

---

[1] Termo que pode ser traduzido, no budismo, como "comunidade" ou "associação". (N.T.)

pedras, fotografias das pessoas que nos confortavam (coloquei muitas sob a minha blusa: John Lennon, Pema Chödrön[2], Howard Zinn[3], o Dalai-Lama, Amma[4] e Che, entre outras), além de suas próprias palavras de carinho, e me ajudaram a derramar lágrimas de desespero, enquanto eu perguntava a mim mesma e também a eles: O que aconteceu com a humanidade? Mais lágrimas de dor se seguiram. Porque, o que quer que estivesse acontecendo com a humanidade, estava acontecendo com todos nós.

Não importa se a crueldade está oculta; não importa se os gritos de dor e terror estão distantes. Vivemos em um único mundo. Somos um único povo. Minha doença demonstrou isso. Assim como a minha

---

[2] Também conhecida como Deirdre Blomfield-Brown, é uma monja budista na tradição *Vajrayana* tibetana. (N.T.)
[3] Historiador, cientista político, ativista e dramaturgo norte-americano. (N.T.)
[4] Mata Amritanandamayi Devi, mais conhecida como Amma, é uma importante ativista hindu. (N.T.)

compreensão de que a filha perdida de Generose pertence a todos nós. É nosso dever encontrá-la; é nosso dever fazer o melhor para torná-la inteira novamente.

Afinal, há apenas uma filha, um pai, uma mãe, um filho, uma tia ou tio, um cão, um gato, jumento, macaco ou cabra no universo: aquele que está diante de nós.

5. Mais uma vez

E, assim, estava eu novamente me esforçando para falar de uma atrocidade: desta vez em Gaza, desta vez contra o povo palestino. Como a maior parte das pessoas no planeta, acompanhei o conflito israelo-palestino durante quase toda a minha vida.

Eu tinha quatro anos em 1948 quando, depois de serem submetidos à crueldade inenarrável dos alemães, depois de um holocausto a que tantos desastres futuros se assemelhariam, milhares de judeus europeus foram reassentados na Palestina. Eles se estabeleceram em um território que pertencia a povos que já viviam na região, e, ao que parece, tal fato não incomodou os britânicos, os quais, assim como na Índia, haviam ocupado a Palestina, e então, ao deixá-la, ajudaram a estabelecer uma divisão do território que acharam que funcionaria muito bem para ambos os povos, para os estrangeiros: palestinos e judeus europeus eram agora forçados a conviver.

Quando testemunhamos a miséria e a brutalidade que ainda constitui uma realidade diária para milhões de habitantes do Paquistão e da Índia, vemos o fracasso e a crueldade do plano de "divisão". Embora possa ser verdade que a divisão do que se transformou a Índia e o Paquistão tenha ocorrido após a insistência do líder muçulmano Muhammad Ali Jinnah, é extremamente duvidoso que a ideia de separar milhões de pessoas em países diferentes passado pela cabeça de indianos, hindus e muçulmanos, se a Inglaterra não tivesse ficado dizendo a cada grupo, durante séculos, que sua miséria era culpa dos outros.

6. Quem contaria a ela?

Fui para Gaza do mesmo modo que fui para tantos outros lugares em minha vida: uma irmã me chamou. Minha amiga, a escritora Susan Griffin, com quem eu tinha sido presa depois de protestar contra o início da guerra do Iraque, em 2003, enviara-me um e-mail. Será que eu estaria interessada em ir até Gaza com o CODEPINK, o grupo de paz feminino que nos pusera naquela agitação e que fortalecera nossas almas, seis anos antes? Ela iria, dissera-me, se pudesse vender o livro que estava escrevendo. É assim que muitas de nós vivemos; lembro-me disso quando olho para o mundo e anseio por mais testemunhas para as cenas de horror, brutalidade, caos. Todas temos de trabalhar para comer, cuidar de nossas famílias, lutar pela sobrevivência. Entendo perfeitamente o problema — e eu não tinha certeza se estaria livre o bastante para ir.

Entretanto, na mesma semana em que o exército de Israel dera início ao bombardeio de vinte e dois dias em Gaza — um campo de refugiados que se transformara em uma cidade e hoje é uma mera lasca da Palestina deixada para os palestinos, uma cidade e suas imediações, que Israel sitiara meses antes, interditando a entrada de comida, de medicamentos e de materiais de construção, entre outras necessidades —, minha própria irmã veio a falecer após uma longa doença. Nossa relação havia sido boa durante grande parte de nossas vidas, até que, no final de sua vida, tornara-se tensa. Por isso, quando ela faleceu, eu não esperava sentir tamanha devastação.

Surpresa. Enquanto eu lamentava sua perda, tomei conhecimento dos bombardeios sobre o povo da Palestina. Casas, hospitais, fábricas, delegacias de polícia, prédios do parlamento, ministérios, edifícios de apartamentos e escolas viraram pó. A visão de uma família, na qual cinco jovens filhas haviam sido assassinadas, ficou marcada em minha mente. A mãe, ferida e inconsciente, estava viva. Quem iria contar a ela? Esperei ouvir alguma palavra de arrependimento, pesar e compaixão de nossos líderes em Washington, que tinham enviado dinheiro – os ganhos dos contribuintes americanos – para a compra das bombas que haviam destruído seu mundo. A pequena demonstração de preocupação de nossos "líderes" chegou tarde, foi tímida e enviada sem muito sentimento; em pouco tempo, acabou ofuscada por uma indiferença em relação ao valor da vida palestina, corrompendo nossa sensação infantil de certo e errado durante gerações. Mais tarde, nosso governo ofereceria dinheiro e a promessa de ajudar na "reconstrução". Como se dinheiro e reconstrução fossem o cerne da questão. Se alguém matasse meus filhos e me oferecesse dinheiro pelo privilégio de ter feito isso, eu o consideraria monstro e desumano.

Consultei meu companheiro, que não hesitou. Temos que ir, disse ele. Quanto mais cedo chegarmos ao povo de Gaza, mais cedo eles saberão que nem todos os americanos estão indiferentes, surdos e cegos, ou foram enganados pela mídia. E citou Abraham Lincoln: Você pode enganar algumas pessoas durante todo o tempo e todas as pessoas durante algum tempo, mas não pode enganar todas as pessoas durante todo o tempo.

Os americanos foram deliberadamente enganados pelo governo e pela mídia sobre a realidade e o *significado* dos acontecimentos no Oriente Médio; isso é verdadeiro especialmente em relação à Palestina e a Israel. Nossa ignorância nos custou caro. A sensação de termos sido levados na conversa, de termos sido *enganados*, e de ainda estarmos sendo, é muito irritante, sobretudo quando vemos a nossa própria sociedade colapsar por causa da falta da mesma atenção que destinamos a Israel: subsídio de moradias, por exemplo, e proteção de nossas fronteiras. Há uma perplexidade genuína na maior parte das mentes sobre o porquê do "Estado de Israel" ser alvo de muito mais interesse, financiamento e cobertura da mídia do que, por exemplo, meu antigo Estado, a Geórgia, ou o Estado onde vivo agora, a Califórnia. Em geral, os americanos estão desinformados sobre a realidade desse conflito sem-fim que, durante décadas, nos estarrece e do qual tantos de nós, se formos honestos, estamos, de todo o coração, cansados.

Começamos a arrumar as malas.

7. Uma longa jornada até Gaza

É uma longa jornada até Gaza. Voando de São Francisco para Frankfurt, depois, de Frankfurt para o Egito, mantive a mente concentrada em meditar o máximo que podia, lendo o livro de Aung San Suu Kyi e de Alan Clements, *The Voice of Hope*, pensando em Desmond Tutu e na sua corajosa declaração sobre a imoralidade dos muros construídos por Israel ao redor das aldeias palestinas, bem como na imoralidade do próprio cerco. Eu tinha lido o livro do presidente Jimmy Carter, *Palestine: Peace Not Apartheid*, antes de sair de casa. Também comi um bocado de chocolate. E depois dormi.

Chegando ao Cairo às três e meia da manhã, a primeira tarefa – atribuída a mim, antes da viagem, pela bela, indomável e amada cofundadora do CODEPINK, Medea Benjamin – era encontrar-me com ela e com a embaixadora do Egito, Margaret Scobey, às dez e meia da manhã, com o propósito de pedir auxílio para a travessia da fronteira do Egito para Gaza. Após poucas horas de descanso, cheguei cedo (preocupada porque Medea ainda não chegara) para o encontro, que, apesar de cordial, não nos traria ajuda. De qualquer forma, consegui ter uma conversa interessante com a embaixadora sobre o uso da não violência. Ela – uma mulher branca com sotaque sulista – mencionou o sucesso do "nosso" movimento pelos direitos civis e perguntou por que os palestinos não poderiam ser como nós. Era um comentário extraordinário do ponto de vista da segurança e de privilégios inimagináveis; falei-lhe do esforço exigido, mesmo para alguém tão inerentemente não violenta quanto eu, para me conter durante sete anos vivendo no Mississippi, quando, muitas vezes, parecia haver apenas um punhado de habitantes brancos na região capazes de falar com uma pessoa de cor sem infligir ferimentos ou insultos. Se não tivéssemos sido capazes de mudar a situação por meio do sofrimento não violento, certamente teríamos, como o Congresso Nacional Africano (CNA), como a Organização para a Libertação da Palestina (OLP), como o Hamas, optado pela violência. Disse-lhe como me parecia desonesto as pessoas alegarem não entender a resistência desesperada e derradeira envolvida nos atentados suicidas, culpando os oprimidos por usarem o próprio corpo quando o exército israelense usava tanques blindados.

Lembrei-me em voz alta, já que éramos do Sul, da minha raiva diante das humilhações, dos atentados e dos assassinatos que, durante séculos, fizeram do pranto uma atividade sem-fim para os negros, e de como, quando finalmente íamos a um tribunal que deveria oferecer justiça, o juiz nos culpava pelo crime cometido contra nós mesmos, chamando-nos de chimpanzés por estar fazendo estardalhaço. Medea chegou naquele exato momento, pois estava retida em um táxi que não conseguia estacionar, e tentou fazer pressão sobre o nosso pedido para entrar em Gaza. Apesar de simpatizar com a nossa solicitação, a embaixadora enfatizou que era muito perigoso entrar em Gaza, e que seu gabinete não poderia nos ajudar se chegássemos lá e fôssemos feridas ou nos encontrássemos em alguma dificuldade. Ela nos entregou papéis que informavam todas as razões por que não deveríamos ir.

8. Pastrame do "Açougueiro"

Em seguida, fomos a um ministério estranho, cujo nome não gravamos, para preencher formulários cujas intenções me escapavam. Muitas mulheres do CODEPINK já estavam lá, aguardando a vez para receber a papelada de que precisávamos para nos aproximar da fronteira egípcia e atravessar para Rafah, talvez a única fronteira disponível para nós. Lá encontrei uma associada do CODEPINK que imediatamente me deixou feliz por ser novamente uma CODEPINK. Ela já estava esperando há horas e sentia que estava tomando um chá de cadeira; rimos do absurdo da burocracia em toda parte, fazendo-nos esperar interminavelmente por alguns papéis que, sabíamos, seriam jogados na lixeira ou numa gaveta rangente assim que saíssemos da sala, e que nunca mais veriam a luz do dia.

Reencontrei Gael Murphy, que lembrou a ocasião em que dividíramos um camburão depois de sermos presas em frente à Casa Branca, poucos dias antes de George W. Bush iniciar sua malfadada guerra contra as pessoas, os animais, os rios, as habitações, as mesquitas e as bibliotecas do Iraque. Ela me mostrou um cartão-postal ilustrado que revelava em que se transformara a situação entre Israel e a Palestina: em 1946, os palestinos eram donos da Palestina por seu contingente, embora a Grã-Bretanha a administrasse, com uns poucos vilarejos judaicos dispersos (imagem um); alguns anos depois, sob o plano de divisão das Nações Unidas, a Palestina e Israel tinham, cada um, aproximadamente metade do território (imagem dois); de 1949 a 1967, a "metade" de Israel crescera cerca de um terço; depois da

Guerra dos Seis Dias, em 1967, Israel dobrara a massa territorial, graças ao território tomado da Palestina na época. A última imagem mostrava a situação em 2008: refugiados palestinos (em seu próprio país) vivendo em acampamentos, na Cisjordânia ou em Gaza, enquanto todo o território passara a se chamar Israel. Atrás do cartão, estavam escritas as palavras do ex-presidente israelense Ariel Sharon, conhecido como o "Açougueiro de Sabra e Chatila" (campos de refugiados no Líbano onde ele liderou um massacre); ele falava sobre fazer um sanduíche de pastrame com o povo palestino, crivando suas terras com os assentamentos judaicos até ninguém mais ser capaz de imaginar a Palestina inteira. Ou saber que a Palestina já existira.

9. Turtle Island

Ninguém mais consegue imaginar uma Turtle Island inteira, conhecida atualmente como os Estados Unidos da América, mas originalmente o território de povos indígenas. A terra de alguns de meus ancestrais nativos, os Cherokee, cujas casas e aldeias foram apagadas da paisagem onde existiram durante milênios; os mesmos Cherokee que foram forçados – o que restou deles – a se reassentar, percorrendo a Trilha das Lágrimas, a milhares de quilômetros de distância.

Esse é um assunto familiar, assim como é o tratamento dado ao povo palestino. Na viagem de ônibus pelo deserto egípcio em direção ao portão de Rafah, que conduz à Palestina, reflito sobre esse ciclo de violência que os humanos traçaram para si mesmos.

Hitler aprendeu (parcialmente) dos americanos como "limpar" a Alemanha dos judeus, assim como usar cabelos de judeus para rechear colchões. Os cabelos dos indígenas há muito também foram usados como recheio de colchões. Crianças e famílias indígenas foram massacradas, não porque fossem "selvagens" – um olhar à sua arte diz quem eles foram –, mas porque os colonos europeus que chegaram à América queriam suas terras. Assim como os israelenses quiseram e tomaram à força o território palestino. Do mesmo modo que os americanos, eles tentaram ocultar sua avareza e crueldade por trás de uma montanha de mitos: que ninguém vivia na Palestina, que os palestinos eram selvagens, que não havia nada parecido com um palestino (contribuição de Golda Meir), que os israelenses eram Davi e os palestinos, Golias. O que soa ridículo, se não fomos doutrinados contra os palestinos durante séculos de leituras bíblicas em que, como os filisteus (assim nos ensinam), eles desde sempre criaram problemas para os filhos de Deus, os hebreus. Depois, há Hollywood, que tem enorme responsabilidade por constantemente desconsiderar os árabes em geral, mas que, em se tratando da Palestina e de Israel, sempre projeta Israel como estando em seu direito, não importa o que façam, assim como os políticos americanos, em sua maioria, aprenderam a fazer. Isso não é bom para Israel nem para os Estados Unidos, da mesma forma, que sempre elogiar o comportamento lamentável do filho ou de qualquer pessoa, somente pode conduzir ao desastre. Um desastre, no que se refere a Israel, que ocorre diante de nossos olhos, mesmo que a mídia na América impeça que os americanos enxerguem isso perfeitamente.

10. Tantos judeus

Eu nunca havia estado em um ônibus com tantos judeus desde quando viajara, em um Greyhound, para a Marcha de Washington, em 1963, onde Martin Luther King Jr., John Lewis e outros falaram tão apaixonadamente sobre a determinação dos negros americanos em serem livres. Nesse ônibus, viajei com um jovem meio-judeu chamado – não tão ironicamente quando pensei a respeito depois – Davi. Ele não era considerado realmente judeu porque sua mãe era católica irlandesa e somente se pode ser um verdadeiro judeu se a mãe for judia. Na época, eu não sabia disso. Considerei seu comportamento – de apoio aos oprimidos − muito judaico. Também era bastante irlandês, mas, naqueles anos, os irlandeses de Boston, à exceção dos Kennedy, pareciam muito distantes de suas tradições naquela área. Eles estavam sempre jogando pedras e/ou gritando obscenidades para as crianças negras que tentavam frequentar "suas" escolas.

Foi comovente ouvir as histórias de por que os judeus em nosso ônibus para Gaza estavam indo para a Palestina. Muitos simplesmente diziam que não podiam tolerar a injustiça ou a hipocrisia. Ao se manifestar contra o racismo, o terrorismo, o apartheid em outros lugares, como poderiam silenciar sobre a Palestina e Israel? Uma mulher comentou que os amigos alegavam que todos aqueles que eram contrários ao tratamento israelense dado aos palestinos demonstravam seu auto-ódio judaico (se eram judeus) ou seu antissemitismo (embora palestinos também sejam semitas). Ela disse que nunca ficara claro para aqueles que os acusavam de antissemitismo que era contra a atitude de Israel que eles se opunham e não contra a religião. E quanto ao auto-ódio? Bem, disse ela, na verdade, eu me amo muito como judia para fingir ser ignorante a respeito de algo tão óbvio. A ignorância não é bem-vista na cultura judaica.

Uma história que me comoveu, em particular, foi a de uma mulher de seus cinquenta ou sessenta anos que estava de pé na parte dianteira do ônibus enquanto passávamos por carroças puxadas por burros e alguns Mercedes Benz; ela falou sobre a viagem à Palestina sem o marido, um judeu nascido na Palestina. Eles já tinham voltado muitas vezes à Palestina, agora chamada Israel, para ver a família. E também para comparecer a formaturas, casamentos e funerais. Todas as vezes haviam sido detidos durante horas no aeroporto enquanto o marido era despido, apalpado, interrogado e ameaçado quando falava por conta própria. Em resumo, como no passaporte dele estava estampado o local de seu nascimento, a Palestina, ele era tratado como palestino. Dessa vez, o marido judeu enviara seus melhores votos, mas não suportava mais viajar para uma parte tão dolorosa do mundo.

A maioria de nós agora estava consciente do tratamento desumano que qualquer um que não fosse judeu receberia ao cruzar a fronteira de Israel, particularmente brutal para com os palestinos. E pensei: se o novo presidente, Barack Hussein Obama, fosse uma pessoa qualquer e não o presidente dos Estados Unidos, passaria também por momentos humilhantes ao chegar a Israel. A poeta e a rebelde em mim imediatamente desejaram que ele fizesse isso. Que vestisse as roupas de uma pessoa comum, como fazem as pessoas que buscam a verdade nas fábulas, e viajasse para Israel. Para aprender o que é real e verdadeiro, não viajando pelo ar, mas caminhando em terra firme.

11. No ônibus

No ônibus, enquanto ouvíamos histórias de pessoas solidárias ao povo palestino, reclinei-me para olhar a paisagem. Quilômetros de deserto árido atravessaram nosso caminho, entre vilarejos e cidades dispersas. Quanto mais nos afastávamos do Sinai, mais pobreza víamos. Uma visão em particular ficou gravada em minha mente: os beduínos, antigamente os nômades do deserto, tentando viver ao longo da estrada ou nas colinas áridas, algumas vezes, em casas feitas de galhos e palha, sem seus camelos, sem mobilidade.

Ocasionalmente, mulheres solitárias em túnicas negras e esvoaçantes caminhavam ao longo de uma cordilheira sob o sol, indo a algum lugar que a vista não alcançava. Centenas de pequenas construções de tijolos brancos, em sua maioria, inacabadas, salpicavam as colinas. Perguntei a meu amigo: O que você acha que são aquelas pequenas construções? E ele respondeu: bunkers. Mausoléus? Não. Vendo-os aparecer em todos os formatos e estágios de construção, durante centenas de quilômetros, percebi que eram tentativas de pessoas pobres de construírem, sozinhas, suas moradias. Pareciam bunkers e mausoléus porque não havia ninguém por perto e porque eram muito pequenos: em alguns, mal dava para se deitar, e frequentemente não possuíam janelas, apenas uma porta. Percebi que pessoas que trabalhavam longe e retornavam apenas esporadicamente os estavam construindo. Isso acontece em muitas partes do mundo, e me comovi com a tenacidade daqueles que tentavam ter um lar, ainda que tivessem sido expatriados ou deslocados. Construir e ter um lar é um instinto primário do gênero humano, em toda a natureza; ver essas pequenas moradias, sem água, sem energia elétrica, sem nada além de tijolos de argila branca, me fez recordar meus próprios sentimentos infantis de insegurança em relação à moradia e o valor de se ter um lar, pois éramos forçados a nos mudar ano após ano.

12. Os pais de Rachel: Cindy e Craig

Saí de meus devaneios para ouvir a história de Cindy e Craig Corrie, pais de Rachel Corrie, que viajavam conosco. Rachel Corrie fora assassinada ao tentar impedir que um tanque israelense demolisse uma casa palestina. A beleza e a dignidade dos pais dela me impressionaram. O rosto de Cindy irradiava determinação e bondade, enquanto o de Craig era um estudo de aceitação, humildade, resistência e perseverança incríveis. Rachel trabalhava na Palestina e testemunhava a crueldade da destruição deliberada de casas palestinas pelo exército de Israel; em sua maior parte, eram casas cercadas por jardins ou pequenos pomares de laranjeiras e oliveiras, que o exército sistematicamente arrancara. Acreditando, sem duvidar, que a visão de uma jovem mulher judia em um macacão de cores vibrantes deteria o soldado dentro do tanque, ela se colocara entre a casa dos amigos palestinos e o blindado. Ele passara por cima dela, esmagando seu corpo e quebrando sua coluna. Os Corrie falaram de sua incessante amizade com a família que vivera naquela casa.

Onde quer que fôssemos, uma vez em Gaza, os habitantes locais cumprimentavam os Corrie com compaixão e ternura. Isso foi particularmente tocante para mim devido à conexão que fiz com outro desses sacrifícios, ocorrido há muitas décadas, no Mississippi, em 1967, quando os negros perceberam que havia alguns brancos que realmente se importavam com o que acontecia a eles. Os "três militares dos direitos civis", como ficaram conhecidos, eram James Chaney, um jovem cristão afro-americano, Andrew Goodman e Michael Schwerner, ambos judeus brancos do Norte.

Os rapazes do Norte tinham sido levados por sua consciência para o movimento dos direitos civis no Sul, ao observar o tratamento racista e sádico dos negros da região. Os três homens estavam dirigindo pelos bosques do condado de Neshoba, no Mississippi, quando o carro em que se encontravam foi bombardeado. Arrastados para fora do veículo, eles foram espancados e baleados; seus corpos, enterrados numa barragem em construção, e durante meses ficaram desaparecidos. Enquanto a América esperava que os corpos fossem encontrados, brancos e negros que trabalhavam pela libertação dos negros no Sul descobriram uma nova causa. Quem não poderia amar esses jovens – todos três – por arriscar suas vidas para mudar as nossas? E, assim, em todas as igrejas, aos domingos, rezava-se por James, e também por Michael e Andrew. Eles se tornaram nossos, assim como os Corrie se tornaram uma família para o povo palestino.

Essa é uma das passagens mais belas para os seres humanos. É como se entrássemos por uma porta diferente da nossa realidade – quando alguém dá sua vida por nós. Por que isso ocorre é um mistério, mas é o mistério, eu acredito, por trás de todos os grandes mitos nos quais há sacrifício humano – não sobre um altar, mas na estrada, na rua – para o bem comum.

Numa reunião dos Veteranos do Movimento pelos Direitos Civis no Mississippi, realizada em Jackson, Mississippi, no ano passado, vi a viúva de Michael Schwerner. Lá estava ela mais de quarenta anos depois. Lá estava ela, ainda fazendo parte de seu povo e ainda sendo parte também do nosso.

13. Força materna

Chegamos à Faixa de Gaza à tarde, após sermos mantidos na fronteira por cerca de cinco horas. Tempo suficiente para nos acostumarmos aos bombardeios — alguém nos disse — que são uma constante no interior da fronteira palestina, como que para lembrar aos palestinos da presença israelense durante o cessar-fogo. Eu nunca havia estado tão perto de bombas sendo lançadas e aproveitei a oportunidade para questionar minha vida. Será que tinha vivido da melhor maneira possível?

Um jovem palestino, Abdullah X, estudante de vídeo numa escola do Egito, juntou-se a nós. Havia três anos, ele tinha conseguido sair da Palestina com uma bolsa de estudos para uma escola no Cairo. Devido ao cerco e ao fechamento das fronteiras, não conseguira mais tornar a ver a família. Havia três anos ele não os via. Devido aos bombardeios de Israel em Gaza, temia pelas vidas dos familiares e estava determinado a vê-los.

Abdullah poderia ter saído da antiga Assíria. Com grandes olhos escuros, pele azeitonada e cabelos que formavam pequenos cachos escuros, era um jovem impressionante. Entre o Cairo e a fronteira de Gaza, ele fizera, sem nenhuma razão especial, com que muitos de nós no ônibus nos preocupássemos com ele. E com toda razão, pois a patrulha na fronteira egípcia criou algumas dificuldades para Abdullah. Quando soubemos disso por uma mulher que estivera ao lado dele até ser dispensada por um patrulheiro, decidimos manter alguma distância — enquanto ele parecia pedir permissão para visitar os pais — e enviar-lhe a força materna, a força universal dos pais, para agilizar sua liberação. Ficamos juntos, de pé, fechamos nossos olhos e enviamos cada grama de nossas energias combinadas para as costas de Abdullah. Quando lhe devolveram o passaporte e ele pôde se juntar a nós, comemoramos. Podíamos apenas imaginar o que significava para ele voltar para Gaza. Era seu lar, e muita coisa havia sido destruída. Na época, não tínhamos como saber que, ao sair de Gaza, Abdullah seria detido na travessia da fronteira – como ele temia – sem poder voltar conosco para o Egito. Gostaríamos de ter esperado por ele, mas, por fim, nós o deixamos lá. Ele percebeu que sua formação e seu futuro corriam risco. Mas o amor pela família, pelo lar e pela pátria era muito forte.

Mais tarde, veríamos de relance seu pai e a relação entre os dois. Ficaríamos comovidos com o amor e a afeição manifestados entre eles. Pois o que significaria saber diariamente que poderiam facilmente perder um ao outro na loucura da guerra? Uma guerra levada até a porta das casas por pessoas que alegavam que tudo que se tinha – por menos que fosse – era deles?

14. Entrando em Gaza

Ao entrar na Cidade de Gaza, tive a sensação de estar voltando para casa. Havia um sabor de gueto. De Bantustão. De "reserva". De "seção de cor". De alguma maneira, era surpreendentemente reconfortante. *Porque a tomada de consciência é reconfortante.* Todos que víamos tinham uma percepção do conflito, da resistência, assim como nós. O homem que conduzia a carroça. A mulher que vendia verduras. O jovem que arrumava os tapetes na calçada ou as flores em um vaso.

Quando eu morava na Eatonton segregada, na Geórgia, costumava respirar aliviada somente na minha própria vizinhança, somente na parte negra da cidade. Nos outros locais, era muito perigoso. Um amigo fora espancado e jogado na prisão por ajudar uma garota branca, em plena luz do dia, a consertar a corrente da bicicleta.

Naquele momento, porém, naquela lasca de vizinhança, chamada de modo tão correto de Faixa de Gaza, não era seguro. Ela fora bombardeada durante vinte e dois dias. Lembrei-me de que, nos Estados Unidos, o primeiro e talvez único bombardeio aéreo do solo norte-americano antes do 11 de Setembro fora o bombardeio de uma comunidade negra em Tulsa, Oklahoma, na década de 1920. Os negros que a criaram foram considerados, pelos brancos racistas, muito prósperos e, portanto, "arrogantes". Tudo que construíram foi destruído. Ao bombardeio, seguiu-se a acusação já disseminada na cultura branca norte-americana de que os negros nunca tentavam "melhorar" a si mesmos. Havia amplas evidências em Gaza de que os palestinos nunca deixavam de tentar "melhorar" a si mesmos. O que começara como um campo de refugiados com barracas evoluíra para uma cidade com edifícios que rivalizavam com as construções de qualquer outra cidade do mundo "em desenvolvimento". Há casas, edifícios residenciais, escolas, mesquitas, igrejas, bibliotecas, hospitais. Dirigindo pelas ruas, podíamos ver que muitas dessas construções estavam em ruínas. E percebi que nunca entendera o verdadeiro significado de "escombros". Tal coisa foi "reduzida a escombros" é uma frase que costumamos ouvir. Mas é diferente ver com que prédios demolidos realmente se parecem. Edifícios nos quais moravam pessoas. Edifícios dos quais centenas de corpos despedaçados foram removidos. Os palestinos têm feito um trabalho tão eficiente ao remover os mortos de habitações destruídas que nenhum odor de morte permanece no ar.

Imaginar o que deve ter sido essa tarefa, do ponto de vista físico e psicológico, é assustador. Passamos por delegacias de polícia que foram simplesmente destruídas, onde todos os jovens policiais (a maior parte dos palestinos é jovem) foram mortos – centenas deles.

Passamos por ministérios bombardeados e reduzidos a fragmentos. Passamos por um hospital bombardeado e destruído pelo fogo.

Se não estamos seguros num hospital, quando já estamos doentes e apavorados, onde estaremos seguros?

Se as crianças não estão seguras brincando no pátio da escola, onde estarão seguras?

Onde estão
Os Pais Mundiais de Todas as Crianças?
Os Protetores Mundiais de Todos os Doentes?

15. Duas irmãs

Meu companheiro e eu fomos levados para a casa de duas irmãs que dividiam o espaço com amigos e parentes que iam e vinham. Certa manhã, acordei cedo e vi uma tia dormindo no chão da sala de estar. Outra vez, era uma prima. No meio da noite, ouvi uma das irmãs consolar o pai idoso que parecia desorientado e ajudá-lo a voltar para a cama. Havia grande respeito e ternura em sua voz. Este era o mesmo local que, algumas semanas antes, havia sido cercado pelo bombardeio, com um míssil caindo a cada vinte e sete segundos durante vinte e dois dias. Eu podia apenas imaginar o que os moradores mais velhos deviam sentir quando, já em idade avançada, eram submetidos a tanto terror. Todas as manhãs, éramos enviados para aprender o que fosse possível nos nossos quatro dias em Gaza, depois de comermos faláfel, húmus, azeitonas, tâmaras e, algumas vezes, ovos, tomates, salada e queijo. Tudo muito simples e delicioso.

Mais delicioso ainda porque pudemos constatar como era difícil encontrar comida por lá; o bloqueio impedia a entrada de grande parte dela. Delicioso também porque era partilhado com generosidade e gentileza. Sempre uma aprendiz de cozinheira, tentei preparar um prato especialmente saboroso que consiste, sobretudo, em tomates e ovos. E descobri que o chá de que tanto gosto é feito de sálvia! No Dia Internacional da Mulher, saímos para a celebração para a qual viéramos: uma reunião com as mulheres de Gaza.

16. Ódio e véus

Gael Murphy, Medea Benjamin, Susan Griffin e eu, juntamente com vinte e poucas mulheres, fomos presas por protestar contra a guerra do Iraque no Dia Internacional da Mulher, em 2003. Se o mundo estivesse mais atento, poderíamos ter poupado muito dinheiro e um sem-número de vidas de filhos e filhas, assim como evitado grande parte da poluição gerada pela guerra, que acelera as mudanças climáticas que ameaçam o planeta. Será que os seres humanos não percebem como são estúpidos, pensávamos, enquanto marchávamos, cantávamos e éramos algemadas, ao lançar foguetes em edifícios residenciais cheios de famílias, e bombardear escolas de crianças e seus animais de estimação, enquanto o gelo está derretendo completamente no oceano Ártico e pondo um fim à nossa fúria ambiciosa e retrógrada? Aquele tinha sido um dia maravilhoso, assim como estava sendo este Dia Internacional da Mulher de 2009. O típico dia que faz da vida – já recebida como uma dádiva – um prêmio. De manhã cedo, no dia 8 de março, fomos levadas até um centro feminino no norte da Cidade de Gaza para nos encontrarmos com mulheres que, como suas compatriotas, tinham sobrevivido a bombardeios recentes e, até então, ao cerco.

Este centro para mulheres fora inaugurado sob os auspícios das Nações Unidas, que o estava administrando para o povo palestino desde 1948, quando milhares de palestinos que abandonaram seus lares sob o ataque israelense tornaram-se refugiados. É um edifício modesto com uma pequena biblioteca cujas prateleiras exibiam alguns livros. Não ficou claro se a maioria das mulheres lia.

A ideia, como foi explicada para nós, era oferecer a elas um local de encontro fora de casa, pois, na cultura palestina, a mobilidade da maioria das mulheres é limitada pelo trabalho em casa como mães e responsáveis por suas famílias. A maioria delas raramente deixa a própria residência. No entanto, naquele dia, Dia Internacional da Mulher, estava sendo diferente. Muitas estavam andando por lá, e as que frequentavam o centro, em particular, estavam por perto para nos receber. Depois de nos organizarem ao redor de uma mesa na biblioteca, nós, cerca de trinta mulheres, sentamo-nos para conversar.

Aprendi algo sobre o qual já ouvira falar, mas que nunca presenciara antes: os árabes se apresentam dizendo a você que são a mãe ou o pai de um de seus filhos, talvez o mais velho; em seguida, dizem quantos filhos têm. Fazem isso com um orgulho e uma alegria que eu nunca vira antes. Somente uma mulher tinha um único filho. Todas as demais tinham, pelo menos, cinco.

Havia uma sensação de festividade enquanto as mulheres, ricamente vestidas e trajando elegantes véus, riam e brincavam entre si. Elas estavam ansiosas para falar. Somente a mulher com um único filho tinha dificuldade para se expressar. Quando me voltei para ela, percebi que era a única vestida de preto, e que seus olhos lacrimejavam. Incapaz de falar, ela me mostrou uma fotografia que trazia entre as mãos. Tinha a pele morena por causa da descendência africana, como alguns palestinos (para minha surpresa) têm; a fotografia era de sua filha, que parecia europeia. A menina aparentava ter seis anos. Aluna de balé, estava vestida com um tutu branco e dançava. A mãe tentava falar, mas não conseguia, enquanto eu me sentava, segurando seu braço. Outra mulher me explicou: durante o bombardeio, a menina fora atingida no braço, na perna e no peito e sangrara até morrer nos braços da mãe. Eu e a mãe nos abraçamos e, durante todo o encontro, segurei a fotografia da menina, enquanto a mãe trazia a cadeira para mais perto de mim.

Sobre o que conversamos?
Conversamos sobre o ódio.

Antes, porém, de falar sobre o ódio, eu quis saber sobre os véus. Para que elas usavam o véu? Por que tantas mulheres o usavam? Eu sabia de algumas razões religiosas para o uso de *hijab;* e nenhuma outra peça de roupa tinha sido mais discutida recentemente, em vários continentes. Aprendi sobre a exigência do profeta Maomé que suas esposas usassem o véu para proteger-se dos olhares de visitantes e estrangeiros e, claro, as discussões atuais sobre o uso do *hijab* na França e na Inglaterra tinham aparecido muito nos noticiários. Havia também a insistência brutal em alguns países muçulmanos para que as mulheres se cobrissem para demonstrar submissão à autoridade religiosa e masculina. Entretanto, eu estava curiosa para saber o que mulheres árabes comuns pensavam a respeito do véu, supondo, como costumo fazer, que muitas das peças de vestuário têm um uso anterior às exigências religiosas, como fora demonstrado pelos relatos das mulheres. Disseram-me algo que eu nunca havia considerado: nos países desérticos, a maior parte da hidratação de uma pessoa é perdida pela nuca, o que pode rapidamente levar a uma insolação; por isso, um véu que envolva o pescoço é essencial para impedir essa perda. O alto da cabeça é coberto porque, se a mulher vive uma vida profissional e passa muito tempo fora de casa, o sol bate direto nela, causando dores de cabeça, tonteira, náusea, apoplexia e outros problemas de saúde. Em Gaza — observou uma das mulheres — há muitas mulheres que não usam véus, sobretudo porque trabalham em escritórios. Isso acontecia na casa onde estávamos abrigados. Elas pareciam ter um monte de véus que enrolavam em si casualmente, como minhas amigas e eu fazemos nos Estados Unidos.

Como eu havia raspado a cabeça uma semana antes de ir para Gaza, percebi exatamente a importância do véu. Sem uma proteção na cabeça, não suportaria a exposição ao sol por mais de poucos minutos. E, de fato, um dos primeiros presentes que recebi de uma palestina anônima foi um véu grosso bordado em preto e vermelho, que uso em toda parte, agradecida.

Nossa anfitriã nos contou uma história sobre o lado mais desagradável da questão do uso do véu: no primeiro dia de bombardeio, ela trabalhava no porão e não sabia que seu edifício ficava próximo ao que estava sendo bombardeado. Quando os policiais chegaram para evacuar o prédio, e ela saiu do elevador, um dos oficiais – um conservador político e religioso – surpreendeu-se ao ver sua cabeça nua. Por isso, em vez de ajudá-la imediatamente a se proteger, ele chamou um colega para testemunhar seus trajes – ou a falta deles. Ele estava aborrecido porque ela não usava um véu, apesar de foguetes israelenses estarem destruindo os prédios ao seu redor. E o que mais poderíamos fazer além de suspirar junto com ela, enquanto narrava a experiência com os gestos e as caretas de irritação adequados? Atraso é atraso, onde quer que ocorra, e explica a falta de atitudes progressistas de algumas sociedades afligidas, em estado de sítio ou não.

17. Parece familiar

Um dos triunfos do movimento pelos direitos civis atualmente está no fato de que, quando viajamos pelo Sul, não somos mais dominados por um resquício de ressentimento e ódio. Esse é o legado das pessoas criadas na tradição cristã, verdadeiros crentes em cada palavra que Jesus proferiu sobre questões de justiça, misericórdia e paz. Isso se ajusta perfeitamente ao que aprendemos acerca da não violência de Ghandi, trazida para o movimento pelos direitos civis por Bayard Rustin, um estrategista gay. Muito se pensou sobre como criar "a comunidade amada", de modo que nosso país não fosse tomado por um ódio violento entre brancos e negros e pelo espetáculo – e sofrimento – contínuo de comunidades irrompendo em chamas. O progresso tem sido impressionante, e sempre amarei os habitantes do Sul – brancos e negros – pelo modo como cresceram. Ironicamente, mesmo com tanto sofrimento e desespero enquanto a luta por justiça nos testava, é nessa parte muito "atrasada" de nosso país que podemos encontrar atualmente a assistência, a consideração e a cortesia desinteressada.

Falo um pouco a respeito dessa história americana, mas não é essa a história que estas mulheres conhecem. Elas são muito jovens. Nunca a aprenderam. Parece irrelevante. Seguindo seu exemplo de falar sobre suas famílias, falo sobre os ensinamentos de meus pais sulistas durante nossa experiência nos anos de apartheid na América, quando os brancos detinham e controlavam todos os recursos, assim como a terra, além do aparato político, jurídico e militar, e usavam seu poder para intimidar os negros com os métodos mais bárbaros e cruéis. Esses brancos que nos atormentavam diariamente eram como os israelenses que cortaram milhões de árvores plantadas pelos árabes palestinos, roubaram a água palestina e também o solo arável. Forçando-os a usar estradas separadas das que eles próprios usavam, destruíram inúmeras aldeias, casas, mesquitas, construindo, em seus lugares, assentamentos para estrangeiros que não tinham nenhum vínculo com a Palestina – colonos que foram os mais radicais antipalestinos, atacando cruelmente as crianças, as mulheres, os velhos e os jovens.

O que está acontecendo aqui parece-me familiar. Quando algo semelhante acontecia conosco no Mississippi, na Geórgia, no Alabama, na Louisiana, nossos pais nos ensinavam a pensar nos racistas como pensávamos em outra catástrofe qualquer: deveríamos lidar com o desastre da melhor maneira possível, mas não aderir a ele, permitindo-nos odiar. Essa era uma obrigação difícil de cumprir, e, enquanto falo com vocês, começo a entender, talvez pela primeira vez, por que algumas orações de nossos pais eram tão longas e fervorosas quando se ajoelhavam na igreja. E por que as pessoas choravam e desmaiavam e por que havia tanta delicadeza quando deliberadamente se calavam ou disfarçavam as atrocidades cometidas ou testemunhadas por elas mesmas, usando, em vez disso, figuras representativas da Bíblia.

Do outro lado da mesa, à minha frente, está uma mulher que parece irmã gêmea da Oprah.[1] De fato, antes, ela me solicitara: Alice, diga a Oprah para vir nos ver. Cuidaremos muito bem dela. Prometo que vou enviar um e-mail para a Oprah e, ao voltar para casa, darei pessoalmente o recado. Essa bela mulher ri; em seguida, fala com seriedade. Não odiamos os israelenses, Alice, diz ela serenamente. O que odiamos é ser bombardeados, ver nossas crianças vivendo com medo, enterrá-las, morrer de fome e ser expulsos de nossa terra. Odiamos gritar eternamente para o mundo abrir os olhos e ouvidos

---

[1] A apresentadora Oprah Winfrey.

para a verdade do que está ocorrendo e ser ignorados. Mas não odiamos os israelenses.

Se eles parassem de nos humilhar e nos torturar, se parassem de tirar tudo que é nosso, inclusive nossas vidas, dificilmente pensaríamos neles. Por que o faríamos?

18. Dominadas pela dor

Há uma sensação de derrota ao tentar confortar alguém cujo filho foi morto enquanto dormia e enterrado, algumas semanas antes, até o pescoço em escombros. Ou uma mãe que perdeu quinze membros da família, todos os filhos, netos, irmãos e irmãs, e o marido. O que dizer para as pessoas cujos familiares saíram de suas casas bombardeadas acenando bandeiras brancas somente para serem baleados? Para mães cujos filhos estão, neste momento, brincando sobre os escombros tomados de fósforo branco que, depois de vinte e dois dias de bombardeio, se encontram em toda parte em Gaza? O fósforo branco, uma vez em contato com a pele, não para de queimar. Realmente, não há nada a dizer. Nada a dizer àqueles que, ao voltarmos para a América, não querem ouvir as notícias.

Finalmente, nada a fazer senão dançar.

19. A dança

As mulheres e eu e todos os membros do CODEPINK que estavam conosco atravessamos um corredor para uma grande sala onde tocava, em volume muito alto, uma música. Primeiro, sentei-me, trocando sorrisos e cochichos com uma avó idosa que estava tricotando sapatinhos e que me deu dois pares para os meus netos. Mas não fiquei muito tempo parada. Sem preâmbulos, fui arrastada por várias mulheres ao mesmo tempo, e a dança começou. Tristeza, perda, dor, sofrimento, tudo foi pisoteado durante mais de uma hora. O suor escorria, bem como o pranto e as lágrimas, por toda a sala. E, então, deu-se o renascimento que sempre resulta de danças como aquela: a sensação de alegria, unidade, solidariedade e gratidão por se estar no melhor lugar que se poderia estar na Terra, com irmãs que tinham vivido intensamente o desastre e desejavam elevar-se acima de tudo aquilo. O sentimento de amor era imenso. O êxtase, sublime. Eu tinha consciência de dar e receber Espírito na dança. Eu também sabia que o Espírito que eu encontrara no Mississippi, na Geórgia, no Congo, em Cuba, em Ruanda e em Burma, entre outros lugares, esse Espírito que sabia como dançar diante do desastre, nunca seria esmagado. Ele é eterno como o vento. Achamos que se encontra apenas no interior de nossos corpos, mas nós também o habitamos. Mesmo quando não temos consciência de sua presença internamente, ele nos cobre como um manto.

20. Eles destruíram minha casa

Desde então, eu poderia ter voltado para casa. Aprendera aquilo que me levara até lá para conhecer: que os seres humanos são criaturas incríveis. Que ferir propositadamente qualquer um de nós significa prejudicar a todos nós. Que o ódio a nós mesmos é a causa de todos os danos cometidos contra outras pessoas; pessoas como nós! E que temos sorte por viver numa época em que todas as mentiras serão expostas, juntamente com o alívio por não termos mais de servir a elas. Mas não voltei para casa. Em vez disso, fui visitar os sem-teto.

Saindo de um pequeno grupo de tendas que não tinham absolutamente nada em seu interior — nem camas, nem comida, nem água —, vi pessoas de meia-idade e idosas cujo céu parecia ter desabado. E desabara. Um senhor muito idoso, apoiado numa bengala, veio ao meu encontro enquanto eu subia com dificuldade uma colina para poder ver a extensão da devastação. Imensa. Veja, veja!, falou para mim em inglês. Venha ver a minha casa! Ele vestia calças de algodão sujas e um grande e velho casaco do exército. Senti-me atraída pela expressão de seus olhos. Ele me levou ao que um dia fora a sua casa. Pelos destroços, era óbvio que havia sido uma residência grande e espaçosa; agora, ele e a mulher viviam entre duas das paredes que, ao cair, casualmente acabaram formando um V de cabeça para baixo. Ela parecia tão atordoada e perdida quanto ele. Não se via um único objeto que pudesse ser aproveitado.

Próximo ao que fora a entrada principal, o velho senhor colocou-me bem em frente ao que restara de árvores derrubadas. Eles destruíram a minha casa, disse, com bombardeios, e então vieram com escavadeiras e deceparam o limoeiro e as oliveiras. O exército de Israel já destruiu mais de dois milhões e meio de oliveiras e árvores frutíferas desde 1948. Tendo eu mesma plantado muitas árvores, compartilhei a tristeza pelo destino daquelas. Eu as imaginei vivas e irradiando vida, fornecendo azeitonas e limões, e o velho senhor e a esposa podendo sentar-se à sombra dessas árvores durante a tarde, e com uma xícara de chá, à noite.

Você fala inglês, disse a ele. Sim, confirmou, servi no exército britânico. Imaginei que tivesse sido durante a época em que a Grã-Bretanha havia controlado a Palestina, antes de 1948. Caminhamos em silêncio lado a lado, enquanto eu fazia o que tinha ido fazer: testemunhar. Os membros do CODEPINK e meu companheiro e eu caminhamos pelos escombros de casas, escolas, ambulatórios e fábricas. Depois do bombardeio, os israelenses realmente derrubaram tudo, de modo que só pude encontrar uma única evidência da beleza que florescera naquela encosta: um caco de telha colorida, mais ou menos do tamanho da minha mão. Uma das mulheres de nosso grupo queria levá-lo consigo e eu o entreguei para ela. Como haviam se esforçado para pulverizar o que tinham destruído.

Aproximando-me de outro grupo de tendas, encontrei uma velha senhora sentada no chão, no que fora, um dia, talvez, a entrada da sua casa, agora demolida e transformada em pó. Ela estava limpa e vestida impecavelmente — o tipo de senhora idosa que é conhecida e amada e respeitada por todos na comunidade, assim como fora minha mãe. Seus olhos eram escuros e cheios de vida. Ela conversava conosco com desembaraço.

Dei-lhe um presente que trouxera, e ela me agradeceu. Olhando-me nos olhos, disse: Que Deus proteja a senhora dos judeus. Quando a jovem intérprete palestina me traduziu o que ela dissera, respondi: Agora é tarde, eu já me casei com um. Disse-lhe isso, em parte porque, como tantos judeus na América, meu ex-marido não podia tolerar críticas em relação ao comportamento de Israel para com os palestinos. Nossas posições muito diferentes sobre o que acontecia naquele momento na Palestina/ Israel e o que acontecera durante mais de cinquenta anos foram, talvez, nosso desentendimento mais grave. Este é um assunto que nunca fomos capazes de discutir racionalmente. Ele não considera o tratamento racista dado aos palestinos semelhante ao tratamento racista dado aos negros e a alguns judeus que ele havia combatido de modo tão nobre no Mississippi e que enfrentara em sua própria família do Brooklyn. Quando seu irmão caçula descobriu que ele estava saindo comigo, uma mulher negra, comprou e pregou em seu lado do quarto a maior bandeira confederada que eu e meu ex-marido já víramos. Seu irmão, um jovem judeu que nunca viajara para o Sul e que, talvez, aprendera boa parte do que sabia sobre a história negra com *E o vento levou*, expressou desse modo seu desprezo pelos negros. A mãe, quando soube de nosso casamento, observou o shiv'ah[1] e declarou que meu marido estava morto.

---

[1] Para os judeus, shiv'ah é o período de sete dias que tem início imediatamente após o enterro de um parente próximo. (N.T.)

Essas eram as pessoas que sabiam como odiar e como punir cruelmente as outras, mesmo aquelas que amavam, como era o caso dele. Essa é uma das razões por que compreendo a coragem necessária para que alguns judeus se manifestem contra a brutalidade de Israel e contra o que sabem sobre crimes contra a humanidade. A maior parte dos judeus que conhece a própria história considera cruel o modo como o governo de Israel tenta transformar os palestinos em "novos judeus", a exemplo dos judeus da época do Holocausto, como se alguém devesse ocupar esse lugar para que os judeus pudessem evitá-lo.

21. Amigos judeus do planeta

Para minha sorte, os familiares de meu marido não são os únicos judeus que conheço, pois Howard Zinn, meu professor de história no Spelman College, em 1961, foi o primeiro judeu (secular) que conheci, seguido pela poeta Muriel Rukeyser, no Sarah Lawrence College, que, a exemplo de Grace Paley, contista, ergue sua voz contra a ocupação israelense da Palestina e contra os horríveis maus-tratos infligidos ao povo palestino. São meus amigos judeus do planeta:

Amy Goodman,[1] Jack Kornfield,[2] Noam Chomsky,[3] Medea Benjamin[4] e Barbara Lubin[5], que são tão incisivos em sua avaliação do comportamento israelense como o foram em relação ao comportamento africano ou afro-americano ou indiano ou chinês ou burmês. Deposito minha fé neles e em outros como eles, que veem que a avareza e a brutalidade não estão limitadas a nenhum segmento da humanidade, mas crescerão em qualquer sociedade onde não sejam reprimidas.

---

[1] Escritora e jornalista norte-americana, autora de *Corrupção à americana*, publicado pela Bertrand Brasil. (N.T.)
[2] Escritor e um dos mais importantes mestres budistas do Ocidente. (N.T.)
[3] Linguista, filósofo e ativista norte-americano, autor de *11 de Setembro*, *O lucro ou as pessoas*, *Piratas e Imperadores*, *Estados fracassados*, todos publicados pela Bertrand Brasil. (N.T.)
[4] Ativista política norte-americana, cofundadora do CODEPINK.
[5] Fundadora da Middle East Children's Alliance [Aliança para as Crianças do Oriente Médio] (MECA) e participante da Conferência Mundial das Nações Unidas contra o Racismo. (N.T.)

O povo de Israel não foi ajudado pela cega lealdade norte-americana para sua sobrevivência como um Estado judeu que, de modo algum, era necessário. Os verdadeiros colonos, aqueles para quem foi destinado o dinheiro dos contribuintes norte-americanos a fim de que fossem instalados no território palestino, mostraram ser pessoas audaciosas, que combateram não apenas os palestinos, mas também os israelenses que se opuseram a eles. Os israelenses agora estão expostos, do mesmo modo que os fomentadores da guerra e os pacificadores, como pessoas dominadas por líderes que o mundo considera irracionais, vingativos, desdenhosos da legislação internacional e absolutamente assustadores. Há opiniões divergentes a esse respeito, claro, mas acredito que, quando um país instiga fundamentalmente o medo nas mentes e corações dos povos do mundo, não é mais conveniente participar do diálogo necessário para salvar o planeta. Não há como esconder o que Israel fez ou o que faz diariamente para preservar e ampliar seu poderio. Os israelenses usam armas que arrancam os membros sem sangrar; jogam bombas que nunca param de detonar nos corpos daqueles que são atingidos por elas; causam uma poluição tão grave que é provável que Gaza se torne inabitável durante os próximos anos, embora os palestinos, sem ter para onde ir, tenham de viver lá.

Esse é um uso assustador do poder, apoiado pelos Estados Unidos da América, que não é um adversário pequeno, se alguém pretende enfrentá-lo. Não surpreende que a maioria das pessoas prefira dar as costas durante esse genocídio, esperando que sua desaprovação para com a política de Israel não seja percebida.

Bons alemães, bons norte-americanos, bons judeus.

Mas, como costumava nos advertir a irmã Audre Lorde:[6] Nosso silêncio vai protegê-los. Na atual devastação climática global, agravada pelas atividades bélicas, todos vamos sofrer e todos vamos sentir medo.

---

[6] Escritora, poeta e ativista norte-americana. (N.T.)

22. O mundo sabe

O mundo sabe que é tarde demais para uma solução com dois Estados. A antiga ideia que se disseminou desde, pelo menos, os anos 1980, denunciada por Israel durante décadas, não se tornará realidade com a intensa ampliação de assentamentos sobre o que resta do território palestino. Ariel Sharon tem a última palavra: os assentamentos judaicos parecem justamente um sanduíche de pastrame, com a vida palestina apagada, como se nunca tivesse existido, ou esmagada sob o peso de uma presença militar israelense superior e uma demonstração da supremacia judaica que certamente atrofia a identidade palestina entre os árabes que vivem em Israel.

O que pode ser feito?

O que pode ser feito? O reverenciado Tolstoi fez a mesma pergunta ao falar também de guerra e paz. Acredito que haja uma solução com um Estado apenas. Palestinos e judeus, que conviveram pacificamente no passado, devem trabalhar juntos para fazer disso novamente uma realidade. Esse território (encharcado de sangue judaico e palestino e com os dólares dos contribuintes americanos desperdiçados com uma violência que a maioria de nós jamais apoiaria, se soubesse) deve se tornar, como a África do Sul, o lar seguro e pacífico de todos que vivem lá. Isso exigirá que os palestinos, assim como os judeus, tenham o direito de retornar para suas casas e terras. O que significará aquilo que os israelenses mais temem: os judeus serão suplantados e, em vez de um Estado judaico, haverá uma nação judaica, muçulmana, cristã, exatamente como era a Palestina antes da chegada dos europeus. O que há de tão terrível nisso?

Os tribunais, dirão, sem dúvida, os generais. Mas tanto a África do Sul quanto Ruanda apresentam um modelo de justiça restaurativa em suas Comissões de Verdade e Reconciliação. Alguns crimes contra a humanidade são tão atrozes que nada os emendará. Tudo que podemos fazer é tentar entender suas causas e fazer o que estiver ao nosso alcance para evitar que aconteçam novamente a qualquer pessoa. Os seres humanos são inteligentes e frequentemente compassivos. Podemos aprender a nos curar sem abrir novas feridas.

23. Liberdade para o tirano

Ao assistir recentemente a um vídeo sobre o papel de Cuba no término do apartheid na África do Sul, me comovi com o testemunho de Pik Botha, ex-oficial de alta patente da África do Sul branca. Ele falava sobre como tinha sido libertador quando a África do Sul foi forçada a participar de discussões para negociar a libertação de Nelson Mandela da prisão e a mudança de um regime de supremacia branca fascista para uma sociedade democrática. Ele afirmou que a sensação que experimentara por não ser odiado e temido nem tratado como leproso fora maravilhosa.

As conversas ocorreram no Egito e, pela primeira vez, ele se sentira bem-vindo pelos egípcios e aproveitara a oportunidade para visitar as pirâmides e a Esfinge e andar de camelo! Como representante da supremacia branca de um governo extremamente odiado e repressor, ele nunca se sentira relaxado o suficiente para fazer isso.

Suas palavras demonstram o que todos sabemos ser verdade em nossos corações: promover a liberdade de outros liberta a nós mesmos. É verdade que o que se lê nos jornais, algumas vezes, sobre as dores do parto da nova África do Sul pode nos entristecer, alarmar e desesperar. Mas duvido que alguém na África do Sul deseje o retorno aos velhos tempos de injustiça e violência que marcaram tão profundamente brancos e negros.

Não somente os cidadãos sul-africanos eram desmoralizados, oprimidos e desestimulados pelo comportamento dos brancos da África do Sul, mas também os cidadãos do mundo. Israel ajudou a manter o regime racista sul-africano no poder, fornecendo armas e *know-how* especializado, e, ainda assim, os povos do mundo, horrorizados com o mal causado a pessoas indefesas, aceitaram o desafio de libertá-los.

É isso que está acontecendo hoje na Palestina.

24. O mundo encontra sua voz

O mundo, afinal, encontra sua voz sobre tudo aquilo que o prejudica. Nesse sentido, o duplo legado da catastrófica mudança climática (parte dela causada pela guerra) e da Internet veio para soltar a voz, mesmo a dos mais silenciosos. Ainda que o horror do que testemunhamos em lugares como Ruanda e Congo e Burma e na Palestina/ Israel ameace nossa própria capacidade de falar, nós falaremos. E, como quase todos no planeta agora reconhecem nossa marcha coletiva contra o desastre global, a menos que mudemos profundamente nossos métodos, nós seremos ouvidos.

Sugestões de leituras e de programas audiovisuais

"To the Editors of *Ms.* Magazine", em meu livro *In Search of Our Mother's Gardens: Womanist Prose*, 1983, é um ensaio/memorial escrito poucas semanas antes da invasão israelense ao Líbano e poucos meses antes dos massacres de Beirute, em resposta a um artigo de Letty Cottin Pogrebin, "Anti-Semitism in the Women's Movement", publicado no número de junho de 1982. Escrevo sobre a minha recusa, como mulher de cor, a ser silenciada e sobre como a história dos negros fundamenta esse ponto de vista.

Minha entrevista em Gaza com os repórteres do *Democracy Now!*, no YouTube.

"Sister Loss", um ensaio sobre o bombardeio em Gaza, publicado em meu blog: www.alicewalkersblog.com

Palestine: Peace Not Apartheid, do presidente Jimmy Carter.

One Country: A Bold Proposal to End the Israeli-Palestinian Impasse, de Ali Abunimah (provavelmente, o livro mais importante para se ler atualmente sobre os problemas de palestinos e israelenses). Abunimah faz um balanço extremamente equilibrado da história de palestinos e israelenses, bem como argumenta de modo convincente a favor da solução de um único Estado.

Palestine Inside Out: An Everiday Occupation, de Saree Makdisi, é uma leitura obrigatória, mas num dia em que o leitor se sinta forte. Para esta leitora aqui, o livro reavivou até demais as lembranças do que significou crescer no Sul dos Estados Unidos, nos anos 1950 e 1960, quando qualquer branco poderia exigir que você saísse da calçada.

A People's History of the United States, de Howard Zinn. Israel aprendeu muitas de suas atitudes com a América; esta fonte essencial esclarece o fato.

Uma ampla seleção das palestras de Noam Chomsky sobre Israel e a Palestina no YouTube.

Os escritos e as palestras gravadas de Edward Said.

Entrevistas com soldados israelenses no YouTube, Alternate Focus, AlterNet, World Focus, BBC e *Democracy Now!*

Filmes: *A Batalha de Argel*, 1966, e *Valsa com Bashir*, 2009.

Sobre a autora

Alice Walker publicou sete livros de poesia: *Once; Revolutionary Petunias; Good Night, Willie Lee, I'll See You in the Morning; Horses Make a Landscape Look More Beautiful; Her Blue Body Everything We Know: Earthling Poems 1965 – 1990 Complete* (com poemas inéditos); *Absolute Trust in the Goodness of the Earth* e *A Poem Traveled Down My Arm: Poetry and Drawings*. A oitava coletânea, *Hard Times Require Furious Dancing: A Year of Poems* foi publicada em 2010. Alice recebeu muitos prêmios por seus ensaios e poesia. O romance *A Cor Púrpura* ganhou o Prêmio Pulitzer de Ficção em 1983.

Rompendo o Silêncio, ao abordar o trauma do desastre, da tristeza e da perda, sempre a remete à escrita da poesia, seu primeiro amor e alegria mais duradoura.

www.alicewalkersgarden.com

Impresso no Brasil pelo
Sistema Cameron da Divisão Gráfica da
DISTRIBUIDORA RECORD DE SERVIÇOS DE IMPRENSA S.A.
Rua Argentina 171 – Rio de Janeiro, RJ – 20921-380 – Tel.: 2585-2000